Cyfri Defaid

Cyhoeddwyd gyntaf yng Nghymru yn 2025 gan

Atebol Cyfyngedig, Adeiladau'r Fagwyr, Llanfihangel Genau'r Glyn, Aberystwyth, Ceredigion SY24 5AQ

Dyluniwyd gan: Dylunio GraffEG

Golygwyd gan Adran Olygyddol Cyngor Llyfrau Cymru

ISBN 978-1-80106-5313

Dymuna'r cyhoeddwr gydnabod cymorth ariannol Cyngor Llyfrau Cymru

atebol.com

FSC www.fsc.org CYMYSGEDD Papur | Yn cefnogi coedwigaeth gyfrifol FSC® C114687

Cyfri Defaid

atebol

Mostyn oedd yr oen mwyaf clyfar erioed.

Pan oedd Mostyn yn dri diwrnod oed,
mi fedrai gyfri i gant – ac am yn ôl!

Yn dair wythnos oed,
mi fedrai Mostyn
adio nifer yr adar
yn yr awyr a nifer y
tyrchod yn y cae!

Yn dri mis oed, mi fedrai Mostyn luosi nifer y sêr yn yr awyr gyda nifer y dail ar y coed uwch ei ben!

Ar ôl clywed straeon am ddawn Mostyn,
daeth brenhines y praidd ato gyda thasg arbennig.

"Mostyn, dwi am i ti gyfri'r praidd bob dydd i wneud yn siŵr fod pob dafad ac oen yn saff yn y cae," meddai'r frenhines.

"Wna i ddim eich siomi!" atebodd Mostyn yn llawn cyffro.

Y bore wedyn, aeth Mostyn i ben y bryn er mwyn cael yr olygfa orau o'r cae cyfan. Roedd hi'n ddiwrnod braf, a'r adar bach yn canu'n hapus uwch ei ben.

Anadlodd Mostyn yn ddwfn,
a dechrau cyfri'r defaid.

"Un,

dau,

tri,

pedwar...

chshhhhh..."

Deffrodd Mostyn yn sydyn, mewn penbleth.

"Dyna ryfedd!" meddyliodd. "Mi wna i drio eto.

Un, dau, tri ...

Roedd hyn yn anobeithiol – roedd cyfri defaid yn gwneud i Mostyn syrthio i gysgu!

Wedi siomi, dechreuodd Mostyn grio.
Criodd tan fod pwll o ddagrau wrth ei draed.

Yn sydyn, clywodd Mostyn
rywun yn chwyrnu!

Yn ddistaw, trodd ei ben
i weld beth oedd achos
y sŵn ofnadwy ...

Y bugail oedd yn chwyrnu! Roedd hi'n gorwedd yn erbyn y llwyn, ac yn cysgu'n drwm.

Fedrai Mostyn ddim peidio â chwerthin yn uchel.
Yn wir, chwarddodd Mostyn mor uchel,
fe ddeffrodd y bugail o'i chwsg.

Rhwbiodd y bugail ei llygaid yn flinedig, cyn sylwi ar Mostyn a'r pwll o ddagrau o'i flaen. "O na! Wyt ti wedi bod yn crio, oen bach?"

"Dwi'n drist hefyd," meddai'r bugail, a'i phen yn isel. "Bob tro dwi'n trio cyfri'r defaid yn fy nghae, dwi'n syrthio i gysgu. Mae'n rhaid mai fi yw'r bugail gwaethaf yng Nghymru."

Fedrai Mostyn ddim credu'r peth. Roedd gan y bugail yr un broblem ag e!

Tynnodd Mostyn waelod côt y bugail gyda'i ddannedd a'i harwain i ben y bryn.

Cymerodd Mostyn anadl ddofn, a dechrau cyfri unwaith eto:

"**Un, dau, tri ...**"

cyn syrthio i gysgu.

Syllodd y bugail arno yn syn. Anhygoel – oen oedd yn methu cyfri defaid!

"Mi wnawn ni feddwl am gynllun, oen bach. Paid ti â phoeni."

Yn hwyrach y diwrnod hwnnw, sylwodd Mostyn ar y bugail yn rhedeg tuag ato, gyda phot paent mewn un llaw a brwsh paent mewn llaw arall.

"**Mostyn!** Mae gen i syniad gwych!"

Agorodd y bugail y pot paent ...

... a dechrau peintio streipiau
du dros wlân gwyn y defaid!

"Ceisia gyfri'r defaid nawr," meddai'r bugail.

"Bydd hi mor hawdd â chnoi porfa!"

Caeodd Mostyn ei lygaid ac anadlu'n ddwfn, cyn cyfri unwaith eto.

Pan agorodd Mostyn ei lygaid, dim cae o ddefaid a welodd, ond cae o sebraod!

Llwyddodd Mostyn i gyfri pob un ddafad, heb hyd yn oed agor ei geg.

Roedd ei broblem wedi
ei datrys gyda dim ond
brwsh a phot paent!

Dawnsiodd y ddau ar ben y bryn. Roedd Mostyn wrth ei fodd ei fod wedi cyflawni tasg y frenhines. "Da iawn, oen bach," meddai'r bugail. "Ti wir yw'r oen mwyaf clyfar erioed!"

"I chi mae'r diolch," atebodd Mostyn. "Chi wir yw bugail gorau Cymru!"